INFLUENZA del
PENSIERO FILOSOFICO
di SOREN KIERKEGAARD
sul CINEMA di
INGMAR BERGMAN

Salvatore M. Ruggiero

1

Prologo

Søren Kierkegaard è considerato l'iniziatore e il massimo esponente di quella corrente filosofica ottocentesca definita *Esistenzialismo*.

Anche se nel corso di più di cinquant'anni di attività la critica ha discusso dell'influenza che il grande filosofo[1] danese ha avuto sul grande maestro del cinema svedese Ingmar Bergman, oggi più di ieri il ponderoso dibattito non solo non si è concluso ma resta ancora aperto a nuove e più esaustive considerazioni.

Anche l'autore di questo libro ha tentato, modestamente, di dare il suo contributo alla discussione e

---

1 *"Dove spesso le conclusioni mancano... spetta al lettore concludere, ossia esistere."*

di tracciarne alcune schematiche linee-guida tematiche.

Deve, tuttavia, ammettere di aver trascurato volontariamente l'intero e voluminoso blocco speculativo costituito dalla *Critica al pensiero di Hegel* che è la chiave di volta dell'intera opera kierkegaardiana, perché palesemente non concernente il tema assunto come centrale di questo volumetto.

Il problema particolare della influenza della filosofia di Kierkegaard sul cinema di Ingmar Bergman, infatti, si innesta sul problema più generale ed importante della ricerca di un principio unitario nell'opera del filosofo.

Come, infatti, afferma R. Jolivet: *"La produzione di Kierkegaard appare così confusa e discontinua che chi cercasse nelle numerose opere che la compongono una dottrina vera e propria dovrebbe senz'altro limitarsi a questa constatazione.*[2]*"*

Pure se c'è da aggiungere, per onore di verità, che lo stesso Kierkegaard si è sempre espresso sulla assoluta unitarietà fondamentale della sua *opera omnia*.[3]

L'autore ci tiene pure a precisare che la grossa parte del suo saggio si incentra quasi completamente sull'analisi di uno solo dei capolavori di Ingmar Bergman: *Il settimo sigillo*[4].

---

2   R. Jolivet, *Kierkegaard,* ed. Paoline.
3   Kierkegaard, *Il punto di vista della mia attività letteraria.*
4   *Det sjunde inseglet,* 1957.

Brevi note biografiche di Søren Kirkegaard

Il filosofo Søren Kierkegaard, unanimemente considerato il fondatore dell'esistenzialismo moderno, nacque nel 1813 dalla relazione fra il padre Michael, commerciante, uomo profondamente religioso, e una cameriera che aveva sposato dopo la morte della prima moglie. Lo stesso Kierkegaard descrisse la sua infanzia come un'età infelice: era un ragazzo fragile fisicamente, sottoposto dal padre ad una educazione profondamente cristiana. Si iscrisse alla facoltà di teologia dell'Università di Copenaghen terminando gli studi nel 1840, dopo 10 anni.

Alla morte della madre e di tre fratelli nel giro di due anni - interpretate come una punizione per una grave colpa commessa - si allontanò dal padre. Cominciò da qui la sua crisi di sfiducia nella religione.[5]

Fondò e diresse personalmente una rivista *"Il Momento"* in cui si lanciò contro la burocratizzazione e la mondanizzazione della Chiesa ufficiale, accusata di tradire lo spirito cristiano più autentico.
Morì nel 1855, colto da una paralisi.

---

5 Anche in molti dei personaggi dei film di Bergman la perdita della fede in Dio origina dalla perdita di una persona cara.

Il pensiero di Kierkegaard

Tre sono, per Kierkegaard, i fondamentali *"stadi sul cammino della vita"*, le cd. *"sfere di esistenza"* che marcano un itinerario individuale.

Tre gli stadi della vita:

- **Vita estetica**. Tutta legata all'istante, anarchica e disordinata. L'esteta è infelice e disperato. Teso alla ricerca del piacere, trova solo delusione e dolore.

- **Vita Etica**. Ci si arriva attraverso la disperazione che è la *malattia mortale* che inchioda l'individuo al suo *IO* disperato; ma può anche rappresentare una *trasfigurazione.*

– **Vita religiosa.** La disperazione può far operare il salto verso lo stadio religioso, diventando la *...negazione definitiva del finito.*

L'esteta vive immediatamente il rapporto con la vita come godimento e come rappresentazione del godimento. La sua sfera è il gioco, l'immaginazione; la sua vita è come un teatro. L'estetico che è nell'uomo è ciò per cui egli è immediatamente ciò che è; l'etico è ciò per cui egli diventa ciò che diventa. Kierkegaard rappresenta l'estetico nei due miti letterari di Don Giovanni e di Faust e nel personaggio del seduttore

Johannes, che il filosofo crea fondendovi elementi della propria esperienza autobiografica. Don Giovanni rappresenta il potere e il piacere della seduzione immediata, che allinea le proprie conquiste l'una accanto all'altra come un'indefinita successione di istanti; è la pura forza dell'eros, il cui mezzo espressivo ideale è la musica di Mozart[6].

Faust, nell'interpretazione di Kierkegaard, incarna invece il gioco della conoscenza: il patto demoniaco con Mefistofele costringe Faust alla ricerca inesausta della conoscenza assoluta, e quindi a dubitare di tutto, a non potersi mai arrestare dinanzi ad alcunché.

---

6 Ingmar Bergman diresse nel 1975 un film tratto dall'opera di Mozart: *Il flauto magico*.

Anche Faust è seduttore, ma di una sola donna, Margherita, poiché nel potere assoluto sopra una donna, che egli conquista grazie alla sua superiorità intellettuale, egli trova *"un momento di presente"*, un *"istante di riposo"* di fronte al nulla che lo minaccia e che il suo scetticismo continuamente gli ripropone. Johannes, infine, si colloca, nell'arco della seduzione estetica, al polo opposto rispetto a Don Giovanni: il suo diario - il *Diario del seduttore*[7] che rese celebre Kierkegaard - racconta la trama sottile in cui egli avvolge la giovane Cordelia per conquistarla e poi abbandonarla.

La seduzione diviene qui scrittura, forma letteraria.

---

7 *Forfoererens Dagbog.*

Johannes non gode del possesso, ma della rappresentazione della conquista; anzi, evita il possesso, perché la riuscita della seduzione mette fine al piacere, implica in qualche modo l'impegnarsi con la realtà, mentre ciò che interessa è l'idea, l'immaginazione. La categoria estetica in cui Johannes vive è quella dell'interessante: è una categoria della riflessione, perché in essa il soggetto non guarda ai contenuti ma ai modi, non vive e non gode delle cose ma della loro anticipazione e del loro ricordo. Johannes trasforma il suo desiderio e la sua seduzione in un'opera d'arte: *"Introdursi in immagine nell'intimo di una fanciulla è un'arte, uscirne fuori in immagine è un capolavoro"*. Non appagandosi che in idea, non traducendosi mai in realtà, il suo desiderio può rimanere indefinitamente aperto. Johannes rappresenta la vita estetica nel suo grado più raffinato e più alto. L'esteta è privo di un contenuto reale, della propria soggettività: è qualcosa che attiene solamente nell'immaginazione, perché non ha mai scelto se stesso nella realtà. Egli vive nell'orizzonte della possibilità infinita, senza mai compiere il movimento della realizzazione. La sua personalità è perciò dispersa nella molteplicità, l'unità del suo *Io* è illusoria ed evanescente. Non si rivela mai al mondo, non getta mai la maschera: si rappresenta e si mostra come un enigma, del quale rimane egli stesso costantemente prigioniero. La sua vita è priva di durata, perché si esaurisce nella fissità di istanti successivamente dileguanti.

Egli rimane dunque sempre ciò che già è, senza poter divenire.

Le opere maggiori di Kierkegaard

Le opere più significative di Kierkegaard sono:

Aut-Aut[8];

Timore e tremore[9];

La ripresa[10];

Il concetto dell'angoscia[11];

La malattia mortale[12];

Esercizio del Cristianesimo[13].

---

8   *Enten- Eller*, 1943.
9   *Frygt og Baeven*, 1843.
10 *Gjentagelsen*, 1843.
11 *Om Begrebet Angest*, 1844.
12 *Sygdommen til döden*, 1849.
13 *Indøvelse i Christendom*, 1850.

La ricerca della verità.

Nel corso del '900 emerge in tutta la sua urgenza la tematica dell'assenza del *fondamento,* cioè di un principio creatore che stabilisca valori e parametri universali cui poter fare riferimento. La caduta dei simboli e la finitezza dei linguaggi, che non possiedono più la forza espressiva necessaria a rappresentare la società e gli individui che la compongono, hanno generato una sorta di autismo sociale, di afasia globale. È in questa situazione generale che si generano e maturano le filosofie esistenzialiste[14].

---

14 Corrente di pensiero che insiste sul valore specifico dell'esistenza individuale umana e sul suo carattere precario, in opposizione all'idealismo e al razionalismo.

La questione dell'assenza del *fondamento* pervade il cinema di Ingmar Bergman, in particolar modo nei primi anni '60, e permea profondamente la cosiddetta *Trilogia del silenzio di Dio*[15]: *Come in uno specchio*[16]; *Luci d'Inverno*[17]; *Il silenzio*[18]. Indagatore dell'anima, Ingmar Bergman, attraverso la macchina da presa percorre il paesaggio impervio del volto umano.

Nord-europeo di nascita e di cultura, egli respira un'aria fredda e desolata che affonda le sue radici nello stesso pensiero del grande filosofo danese.

Come quest'ultimo, ma attraverso

---

15 O *Trilogia religiosa,* dedicata al tema ontologico-religioso del *silenzio* o *dell'assenza* di Dio.

16 *Sasom i en spegel,* 1961.

17 *Nattvardsgasterna,* 1963.

18 *Tystnaden* 1963.

il linguaggio cinematografico, Ingmar Bergman si è gettato alla ricerca spasmodica della verità.

Secondo Kierkegaard la ragione da sola non può bastare a comprendere una verità che non è mai ...*assoluta.*[19]

La tesi kiergaardiana è una dialettica *qualitativa* e *soggettiva*. In altri termini, Kierkegaard pone al centro del suo pensiero l'individuo.

Pertanto il filosofo, il teologo e lo studioso in generale non possono teorizzare né arrivare a tracciare alcun sistema oggettivo per qualificare la verità assoluta. Nessuna speculazione filosofica,

---

19 Per Kirkeggard la verità è soggettiva, in quanto legata al soggetto. L'attenzione si sposta dalla verità come oggetto alla verità come processo con cui il soggetto la ricerca, vuole appropriarsene e viverla come sua.

né alcun metodo d'indagine, né di sintesi storica possono, per Kierkegaard, cogliere l'esistenza dell'individuo.

L'unica categoria presa in esame è ricondotta a quella del singolo.

Il solo criterio possibile è la scelta; la decisione (in opposizione alla categoria hegeliana della necessità)[20].

Così anche in Ingmar Bergman, l'identità soggetto-oggetto si è dissolta e con essa la ragione hegeliana, comportando una profonda scissione fra interno ed esterno, fra *l'Io* e il Mondo e con ciò la conseguente caduta di una ragione esibita come verità assoluta.

Nel suo definitivo approdo

---

20 Per Hegel c'è una *razionalità che spiega tutto,* applicabile a tutto ciò che è già accaduto.

all'ateismo religioso[21], anche i suoi personaggi vivono in un *incognito totalmente impenetrabile ad altri uomini, imperscrutabile a ogni forza umana*[22].

Così come afferma Minus[23]: *"...ognuno chiuso nella sua cella."* (da: *Come in uno specchio*[24]).

21 *"Dio non ti parla forse perché non esiste."*
22 Ingmar Bergman, *Lanterna magica.*
23 Il fratello minore di Karin, studente, di nome Fredrik, troppo legato alla sorella, quasi al limite del rapporto incestuoso e col solito retaggio bergmaniano dell'eterno conflitto col padre troppo distante.

24 *Sasom i en spegel,* 1961.

I tre stadi del singolo nel cinema di Ingmar Bergman.

Per Kierkegaard non si perviene a Dio attraverso il Cristianesimo come religione storicamente rivelata.

"La filosofia e il cristianesimo non si lasciano mai conciliare[25]."

La filosofia è una pura attività razionale umana; la fede è un dono di Dio e come tale non ha nulla di umano.

Inoltre: Fede e Cristianesimo non sono entità intellettuali che riguardano la ragione, ma fattori concepibili solo in quanto *esperienze vissute.*

"La verità è la soggettività![26]"

---

25 Søren Kierkegaard, *Diario.*
26 Søren Kierkegaard, *Postilla.*

Si giunge a Dio, alla fede, all'Assoluto, solo tramite il proprio percorso individuale, intimo e sofferto.[27] In una parola: solipsistico.

Decisive in tal senso sono le scelte di vita che si presentano all'uomo, teorizzate nei tre stadi kirkegaardiani dell'esistenza: estetico; etico; religioso.[28]

Nel santuario il crociato è in ginocchio ai piedi del crocifisso, un grosso Cristo in legno il cui viso è la maschera del dolore. Ai lati, due feritoie lasciano entrare sottili lame luminose, il cui riflesso si diffonde per la navata.

---

27 *"Per me Gesù è un essere umano che parla ad altri esseri umani e che vive e muore nel mondo dell'uomo. Solo in questo modo lo sento vicino e solo in questo modo posso capire cosa mi dice." (Ingmar Bergman)*

28 Søren Kierkegaard, *Enten-eller.*

I rintocchi della campanella cadono nel silenzio come lacrime in uno stagno morto. Ora il crociato è in piedi. Lungo una parete laterale, al di là di una pesante grata di ferro, si intravede la figura incappucciata di un religioso. Il crociato lo ha scorto, gli si avvicina.[29]

Antonius Block affida la sua confessione alla Morte in persona, seppure scambiandola per un monaco e ad essa rivela anche le sue strategie di gioco.

Morte: *«Per questo hai sfidato a scacchi la morte?»*

A.B.: *«Sì. Conosce il gioco molto bene, ma fino a questo momento io non ho perso una pedina.»*

Morte: *«E credi davvero che alla fine riuscirai a batterla?»*

---

29 Dalla sceneggiatura de *Il settimo sigillo*.

«*Adopero una tattica che evidentemente essa ignora. Al nostro prossimo incontro porterò un attacco sul fianco.*»
Morte: «*Lo terrò presente.*»

Ma Antonius Block compie un vero gesto kierkegaardiano e lo chiosa aggiungendo ai suoi gesti misurati queste parole: "*Questa è la mia mano. Posso muoverla e in essa pulsa il mio sangue. Il sole compie ancora il suo alto arco nel cielo ed io... io, Antonius Block, gioco a scacchi con la Morte.*"
Antonius Block sembra avvertire la stringente esigenza di ribadire la sua esistenza in vita.

Vita Etica, Vita Estetica,
Vita Religiosa

Alcuni personaggi bergmaniani osservano la superficialità della loro esistenza, rilevano la vanità del tutto, amano il piacere immediato e si collocano proprio nel salto della vita che va dallo stadio estetico, la cui figura metaforica è il seduttore, allo stadio etico. Si trovano in questo trapasso, nel bel mezzo del salto, ma non lo compiono.

Uno dei protagonisti di *Come in uno* specchio, David[30], ne è l'emblema. Ed infatti non ha il coraggio necessario per compiere il cambiamento, continuando ad

---

30 Padre vedovo di Karin e di Minus e suocero di Martin, romanziere egocentrico, sempre in viaggio, appena tornato dalla Svizzera e in procinto di ripartire per tornarci.

osservare il fallimento della propria vita.

David resta vittima della disperazione, la avverte, ma non sa attuare alcun movimento in sé.

La vita etica, invece, è uno stadio più consapevole rispetto a quello estetico.

La figura del marito, cioè dell'uomo che ha scelto una sola donna e ha accettato i doveri del matrimonio, è per Kierkegaard l'emblema dello stadio etico, ed è contrapposta a quello del seduttore.

L'uomo prende finalmente coscienza di sé e dei suoi rapporti col mondo e la società.

L'uomo etico, la cui figura metaforica è il marito, vive autenticamente i rapporti umani e sociali; al contrario dell'esteta, non fugge le responsabilità, sceglie se stesso e i rapporti interpersonali.

Esemplificativi di questa fase non sono forse il cavaliere crociato Antonius Block di *Il settimo sigillo*[31] e Tomas, il pastore in crisi di *Luci d'inverno*[32]?

In sintesi, in questo stadio dell'esistenza si accettano la continuità della propria vita e l'esame consuntivo della vita stessa. Quest'ultimo consente di riaffermare il passato accogliendo le responsabilità (vedi il concetto di responsabilità kierkegaardiano[33]) di amare la stessa persona, i medesimi amici, la medesima professione. Ne

---

31 *Det sjunde inseglet,* 1957.
32 *Nattsvardgasterna,* 1962.
33 In *Aut-Aut*, tit.orig.le: *Enten-Eller.*

consegue l'inserimento dell'individuo nella società, ancora più profondamente, l'accettazione da parte dell'uomo di una legge riconosciuta universalmente, quella della vita personale, civile e sociale.

Il terzo stadio è rappresentato dalla vita religiosa. La cui figura metaforica è *il cavaliere della fede*; in una parola, Abramo. Abramo riceve da Dio l'ordine di uccidere il figlio Isacco e di infrangere, quindi, la legge per la quale è vissuto finora. Il comando divino di uccisione del figlio si oppone alla natura etica della legge. Tra i due stadi, etico e religioso, pertanto, non vi può essere conciliazione, ma solo dissociazione, se non vero contrasto.

La malattia mortale

La *malattia mortale* per Kierkegaard è la disperazione: l'impossibilità di scegliere se stessi fino in fondo.

Ma la vera *malattia mortale* è, indubbiamente, la mancanza di direzione, di scelta, il non-credere.

Personaggio esemplificativo in tal senso è la Agnes, prima malata, poi sofferente, quindi agonizzante e infine morente di *Sussurri e Grida*[34].

Anche nel finale di *Luci d'inverno*[35], Marta, in modo meno drammatico ma ugualmente grave, unica spettatrice della messa celebrata dal pastore

---

34 *Viskningar och rop*, 1972.
35 *Nattsvardgasterna*, 1962.

Tomas in una chiesa vuota, pur avvertendo la propria disperazione, non riesce a credere.

"*Ah se potessi credere in una qualunque cosa; se solo potessimo credere!*"

Ingmar Bergman e Dio

Fantastica, e anche molto eloquente, la frase autografa del Maestro intorno alla sua contraddizione religiosa: *"Veramente io non credo in Dio, ma la faccenda non è così semplice. Tutti portiamo un Dio dentro noi stessi. Tutto forma una trama che ci pare a volte di riconoscere, soprattutto al momento della morte.*[36] *"*
Ingmar Bergman, come Kierkegaard, crede in una verità religiosa soggettiva, frutto della libertà di scelta tra l'essere e il suo poter essere.[37]

---

36 Ingmar Bergman, *Lanterna magica.*
37 *"Veramente io non credo in Dio, ma la faccenda non è così semplice, tutti portiamo un Dio dentro noi stessi, tutto forma una trama che ci pare a volte di riconoscere,*

Tuttavia, personaggi come Karin, Tomas, Ester, protagonisti della cd. *Trilogia religiosa* o *del silenzio di Dio*[38] bergmaniana, pur essendo coscienti delle proprie potenzialità e vedendo ciascuno il fondo del proprio essere, non sanno compiere la scelta definitiva e rinunciano all'unica possibilità possibile, il salto nella fede, in Dio, sprofondando nella disperazione.

E perché Minus[39] cerca e con tale insistenza Dio? Per trovare se stesso? Forse! O, anche, semplicemente per dare un senso alla sua giovane vita.

---

soprattutto al momento della morte."
38 *Sasom I en spegel*, 1961; *Nattsvardgasterna,* 1962; *Tystnaden,* 1963.
39 Lo studente Fredrik, detto Minus di *Come in uno specchio.*

Riecheggia anche in questo personaggio, che appare palesemente smarrito, come in molti altri personaggi del cinema di Ingmar Bergman, l'importanza della filosofia esistenzialista di Kierkegaard.

"Ogni essere umano, per poco dotato che sia, per subordinata che sia la sua posizione nella vita, ha un naturale bisogno di darsi una concezione della vita, una rappresentazione del significato della vita e dello scopo di questa.[40]"

40 Soren Kierkegaard, *Enten,-Eller.*

L'abbandono di Dio

Altro tema essenziale per una maggiore comprensione della *Trilogia religiosa* è l'abbandono di Dio.

Se Dio ha abbandonato gli uomini, come afferma Tomas[41], in *Luci d'inverno*[42], allora l'uomo non possiede più alcuna certezza cui appigliarsi e dalla quale determinare i propri valori; nessuna morale sociale né una condotta.

In definitiva l'uomo non ha più una *Legge,* un peso regolatore che gli permetta di articolare la sua vita.

---

41 TOMAS: *Il silenzio di Dio.* MARTA: (interrogativa) *Il silenzio di Dio?* TOMAS: *Sì.* (Lunga pausa). *Il silenzio di Dio.* (Dalla sceneggiatura originale del film)
42 *Nattsvardgasterna,* 1962.

L'uomo è abbandonato da Dio e l'esistenzialismo asserisce: "... *l'uomo è gettato nel* mondo".

In *ab-sentia* di Dio la fede per Ingmar Bergman è scegliere se stessi: "....*così non ho altro fine se non me stesso. È una specie di verità. È una verità mia personale, o una verità a tre quarti, o una verità inesistente se non per il fatto che essa ha valore per me.*[43]"

Il cineasta svedese, sondato il cammino dell'uomo, approda nel film *Il silenzio*[44] all'unica rivelazione possibile, quella dell'anima: *alma*, che in greco significa *anima*, è anche il nome di una delle protagoniste più intense del suo celeberrimo film

---

43 Ingmar Bergman, *Lanterna magica.*
44 *Tystnaden,* 1963.

Persona[45]; *anima*[46] c'è scritto sul biglietto che Ester, come eredità, lascia al nipote, l'unica parola che è riuscita a comprendere della misteriosa lingua della fantomatica città di Timoka.

Per Ingmar Bergman l'uomo deve spingersi fino negli abissi reconditi di se stesso, deve affrontare i suoi demoni[47], se li accetterà e imparerà a conoscere, a convivere con essi, allora potrà incontrare l'*Altro;* se riuscirà a denudarsi di fronte a se stesso forse potrà mettersi di fronte a Dio, poco importa se vi perverrà: *"Tu devi celebrare la tua messa,*

---

45 *Persona*, 1966.
46 In realtà c'era scritto *Hadjek* tradotto come *anima*.
47 *Talvolta i demoni possono essere prodighi d'aiuto. Ma bisogna fare attenzione; talvolta i demoni possono aiutare ad andare all'inferno.*

se è per Dio si vedrà.[48] "

In conclusione, il Maestro ha appreso la lezione kierkegaardiana, ma come il filosofo, non è riuscito ad incarnare le proprie idee; a fare di se stesso un esempio etico vivente.

E' solo un portavoce, attraverso le sue opere, di un'anima che riflette, sente la vita fino nel profondo.

Ingmar Bergman perviene ad una concezione di esistenzialismo, che sfocia nell'*umanismo*; è *l'essere con* teorizzato da Heidegger.

Forse l'unico trascendente possibile è nella relazione con l'altro, poiché nello sguardo altrui siamo nudi, svelati.

---

48 Ingmar Bergman, *Immagini.*

Non si può vivere da soli!
Questo si percepisce nella terra di confine di Faro (*Come in uno specchio*[49]); nella chiesa vuota di Tomas (*Luci d'inverno*[50]); nella città fantasma di Timoka, dove si parla una lingua incomprensibile e la solitudine attanaglia i protagonisti (*Il silenzio*[51]); nella casa piena di dolore, angoscia, urla, morte e silenzi delle quattro donne dolenti di *Sussurri e grida*[52].

---

49 *Sasom I en spegel*, 1961
50 *Nattsvardgasterna*, 1962.
51 *Tystnaden*, 1963.
52 *Viskningar och rop*, 1972.

Kierkegaard nel film:
Il settimo sigillo.

Come detto anche in precedenza, *Il settimo sigillo*[53] è, forse, il film di Ingmar Bergman dove più forte che in tutti gli altri si avverte ed è evidente l'influsso della filosofia di Kirkegaard[54] e delle problematiche esistenziali dell'uomo[55]. Che poi racchiudono in se: il problema dei rapporti con l'altra vita, quella eterna; il problema dell'esistenza di Dio; il

---

53 *Det sjunde inseglet*, 1957.
54 Bergman, anche in altri suoi film, mostra di conoscere molto bene la filosofia di Soren Kirkegaard, filosofo danese dell'800, inventore dell'esistenzialismo scandinavo.
55 *"Non c'è nulla che spaventi di più l'uomo che prendere coscienza dell'immensità di cosa è capace di fare e diventare."* (Soren Kirkegaard)

problema delle innumerevoli paure dell'uomo, comprese le due paure più grandi: la paura di vivere e la paura di morire.[56]

Il cavaliere parla della sua disperata condizione umana al suo confessore, che poi non è che la Morte in persona. Gli racconta che l'ignoto lo atterrisce e che vorrebbe avere la certezza dell'esistenza di Dio, perché se Dio non esistesse l'intera esistenza sarebbe un vuoto senza fine[57]. In realtà, chiedersi se il cavaliere bergmaniano vada alla ricerca della fede o alla ricerca di Dio, non deve apparire domanda oziosa. Contrariamente a quanto

---

56 Soren Kirkegaard, *Aut-Aut*.
57 *"Ma allora la vita non è che un vuoto senza fine. Nessuno può vivere sapendo di dover morire un giorno come cadendo nel nulla senza speranza."*

si pensa comunemente, interrogarsi sul silenzio di Dio non è materia per soli atei, in quanto interrogarsi sul silenzio di Dio significa in qualche modo averne ammessa, almeno in linea teorica, l'esistenza; significa chiedersi perché taccia e perché scelga di non manifestarsi.

Cosa diversa, invece, è la ricerca delle prove dell'esistenza di Dio; chi ne cerca le prove, contemporaneamente, non ne ammette un'esistenza certa, anzi, probabilmente la nega.

Ma *Il settimo sigillo* è anche il film in cui, soprattutto per merito del coprotagonista, lo scudiero filosofo Jons, si avvertono gli influssi netti, univoci e concordanti da una parte della della filosofia kierkegaardiana e della sua teoria dell'*uomo estetico*[58], dall'altra della filosofia nietzschiana e della sua *teoria del superuomo*.

Quando, ad esempio, Jons si descrive così: *"Mi chiamo Jöns. E sono un uomo piacevole e discorsivo che non ha mai avuto se non pensieri gentili e non ha mai compiuto se non azioni nobili e generose. Addio, fanciulla*[59]. *Avrei potuto violentarti, ma è un genere di amore che non mi va. Troppo faticoso, tutto sommato. A proposito, io avrei bisogno di una cuoca. Che ne diresti? E' vero che avevo una moglie, ma ormai spero di essere diventato vedovo. Allora, vuoi rispondere sì o no?*

---

58 Soren Kierkegaard, *Aut-Aut*.
59 Si rivolge alla ragazza muta insidiata da Raval nel villaggio deserto perché abbandonato da tutti.

Visto che ti ho salvato da quel vigliacco, potresti dimostrarmi anche un po' di gratitudine, no?"

Il cavaliere Antonius Block, con molta probabilità, non ha mai "vissuto" lo stadio estetico della vita, ma nel corso della sua esistenza è stato condotto dalla sua disperazione allo stadio etico che prelude con la sua ricerca spasmodica di Dio e della sua esistenza, allo stadio religioso.
Viceversa Jons *the squire* non si pone, né si è mai posto il problema dell'esistenza di Dio; vive l'appartenenza piena al suo stadio estetico e non si aspetta "trasformazioni".
In questo è coerente fin dall'inizio del film, quando confessa ad Albertus Pictor di aver vissuto le

crociate non come impegno religioso ma come un vero supplizio: «*Io e il mio padrone siamo appena tornati da un lungo viaggio in terra straniera, hai capito, imbrattamuri?*»

A.P.: «*Ah, la crociata, eh?*»

Jons: «*Proprio così. Per dieci anni siamo stati laggiù lasciando che le serpi ci mordessero, le mosche ci divorassero, le fiere ci dilaniassero, gli infedeli ci accoppassero, il vino ci avvelenasse, le donne ci infettassero, le piaghe ci dissanguassero e tutto perché?*

A.P.: "*Hah... per la gloria del Signore...*»

Jons: «*Per la gloria del Signore.*»

Fa eco il pittore ed entrambi si fanno il segno della croce.

Jons: «*Sai, secondo me questa*

crociata l'ha inventata uno che poi se n'è rimasto pacifico a casa.»

Ridono all'unisono, una risata grassa e liberatoria. Hanno appena scoperto d'esser della stessa razza.

Jons: *«Eh, così è la vita, imbrattamuri.»*

«Hai ragione guerriero.»

Risponde il pittore, battendo sulla spalla dell'amico recente.

Jons: *«Eh già...»*

A.P.: *«A questo mondo, per quanto ti giri, la coda non riesci a tagliartela, resta sempre di dietro.»*

Jons: *«Giusto, è una gran verità... sì, una gran verità.»*

E Jons resta coerente, fino alla fine, quando contrappunta la sua preghiera laica al cospetto della

Morte che, cortesemente, lo invita alla danza macabra finale.

Il cavaliere Antonius Block vuole mettere a frutto in maniera kierkegaardiana la sua disperazione di uomo storico: vuole fare il "gran salto"; vuole che essa lo traghetti dallo stadio estetico, nel quale ha sempre vissuto, allo stadio religioso; vuole che la sua disperazione lo proietti definitivamente al cospetto di Dio.

Altrettanto definita appare la figura e la personalità dello scudiero Jons che sembra la configurazione di un testo di F. Nietzsche, tanto è il suo brillante sarcasmo, tale il suo più assoluto nichilismo.

Perfetta icona dello stato apollineo: celebratore della

ragione e artefice e cantore dell'epopea.

Ma Jons lo scudiero è anche la perfetta icasticizzazione del superuomo nietzschiano: l'uomo che, con l'ausilio della ragione, si è liberato definitivamente del problema della Fede e di Dio: se la Fede è un dono di Dio e Dio non esiste, non può esistere nemmeno la Fede.

E superandolo vive la vita intensamente, al di là del bene e del male.

Lo stesso Ingmar Bergman spiega il suo personale concetto di paura della morte, come di definitiva cessazione della vita umana, che rappresenta la chiave di volta dell'intera sceneggiatura del film, in un suo racconto.

"La mia paura della morte era

profondamente collegata alle mie idee religiose. Poi ebbi una piccola operazione chirurgica. Per sbaglio, mi fu praticata un'anestesia troppo forte, così sparii dal mondo dei sensi. Dove se ne erano andate le ore? Non durarono nemmeno una frazione di secondo. Improvvisamente mi resi conto che la morte è così. Che dall'essere passi al non-essere è una cosa difficile da pensare. (...) Prima si è, poi non si è. Questo è del tutto soddisfacente.[60] "*

Ingmar Bergman, si sa, nega tutto ciò che è ultraterreno, metafisico, trascendente. Come, da buon ateo, nega pure l'esistenza di Dio.

Di tutto ciò che rappresenta la

---

60 Ingmar Bergman, *Immagini.*

religione cattolica, anzi cristiana, crede solo nella figura di Gesù Cristo, come uomo storico, non di *Salvatore* o Profeta e a tutto quello che, prosaicamente, succede ad ogni uomo storico durante tutto il corso della sua vita.[61]

Ingmar Bergman era talmente incuriosito, così appassionato dalla figura di Gesù Cristo che aveva da tempo deciso di girare un film su di lui a Faro[62], la sua isola, ma era rammaricato dal fatto che diverse circostanze glielo avessero sempre impedito,

---

61 *"L'ultraterreno non esiste. Tutto è su questa terra. Tutto è dentro di noi, accade dentro di noi e noi fluiamo gli uni negli altri e fuori dagli altri: va bene così!"* (Ingmar Bergman, *Immagini*)
62 Sull'argomento si veda, dell'Autore il libro *Faro magica.*

e racconta il suo disappunto anche nella sua autobiografia[63]. La buona occasione, ad ogni modo, sembrava, finalmente, essersi materializzata quando giunse a casa sua una folta delegazione di dirigenti della *RAI-TV* che gli si era rivolta per attribuirgli formalmente l'incarico di preparare la sceneggiatura per una *Vita e Passione di Gesù Cristo*. Pagarono anche anticipatamente il compenso per il suo lavoro: la bella somma di 30.000 dollari. Bergman si mise subito all'opera e forte dell'educazione religiosa forzosamente ricevuta dal padre, pastore protestante, e di una solida conoscenza biblica raggiunta attraverso approfondite ricerche e studi sulla figura

---

63 Ingmar Bergman, *Lanterna magica*.

storica del Cristo, fu in grado in pochi giorni di spiegare il suo personalissimo e originalissimo progetto. *"Risposi con un piano dettagliato delle ultime quarantotto ore della vita del Salvatore. Ogni episodio era incentrato su uno dei personaggi del dramma... Dissi che volevo girare il film a Faro. Le mura di Visby sarebbero state quelle intorno a Gerusalemme. Il mare che bagna i raukar sarebbe diventato il lago di Genezareth. Sulla collina pietrosa di Langhammars volevo erigere la croce.[64]"*

Probabilmente il progetto del Maestro, per come era stato esposto, apparve troppo innovativo ed originale, distante

---

64 Ingmar Bergman, *Lanterna magica.*

da quello che si aspettavano di sentirsi raccontare; oppure la collocazione scenografica sembrò troppo avulsa e lontana dai luoghi caldi e rassicuranti della vita del Cristo.

"Gli italiani lessero, rifletterono e arretrarono impalliditi. Pagarono generosamente e affidarono l'incarico a Franco Zeffirelli: ne risultò una vita e morte di Gesù come in un bel libro illustrato, una vera e propria biblia pauperum.[65]*"*

In un colpo solo la *RAI-TV* ottenne diversi risultati, non tutti e non proprio lusinghieri, purtroppo. Innanzitutto buttò all'aria inutilmente un bel gruzzolo di soldi pubblici; con una visione provinciale delle

---

65 Ingmar Bergman, *Lanterna magica.*

cose rimediò una bruttissima figura con uno dei cineasti più grandi di tutti i tempi; ottenne da un prevedibilissimo Zeffirelli la madre oleografica di tutte le *Passioni di Cristo*, che ancora si rappresentano, sotto Pasqua, nei borghi antichi di tutti i paesi d'Italia; rinunciò probabilmente a festeggiare l'ennesimo capolavoro a firma di Bergman. Un film che prometteva di essere qualitativamente alla pari, se non superiore, al *Vangelo secondo Matteo*[66] di Pier Paolo Pasolini, senza alcun dubbio la migliore trasposizione delle ultime ore di Gesù mai realizzata per il cinema.

---

66 Film del 1964, su un personaggio sacro visto da laico, che racconta di un Cristo umano, non trascendente, un vangelo senza speranza, ma poetico, interpretato da attori non professionisti, come era tipico del cinema di Pasolini.

Insomma, grazie al *fiuto* e alla *lungimiranza* dei dirigenti della *RAI-TV*, oggi la cultura mondiale celebra una *biblia pauperum* in più e un capolavoro in meno.

Ma, per capire appieno il messaggio culturale, filosofico, esistenziale contenuto nella fenomenale produzione filmografica di Bergman, in generale, nel suo film *Il settimo sigillo*, in particolare, è necessario contestualizzare entrambi nella contingenza della cultura occidentale contemporanea.

Il nostro tempo viene definito dai filosofi come *il tempo della morte di Dio*, o ancora meglio, *il tempo del silenzio di Dio*.

Anche secondo il noto filosofo Emanuele Severino la morte di

Dio, però, non è un processo che debba sfociare necessariamente nell'ateismo *tout court*, ma nella capacità della filosofia di distruggere il passato culturale dell'Occidente, quel passato nel quale la paura dell'esistenza è segnata dallo sforzo umano di ricercare non un Dio che sia il risultato di un racconto mitico, ma un Dio che si ponga comodamente all'interno di quella forma di sapere e di conoscenza che i greci hanno portato alla luce e che si chiama *episteme*: sapere stabile, sapere solido, che non può essere smentito. Da qui l'esigenza umana di arrivare a *toccare* Dio, non attraverso la fede, ma attraverso la ragione.

Ma il filosofo sa anche, ed ammonisce l'uomo storico, che è

impossibile toccare Dio, perché Dio è una necessità dell'animo umano e la necessità, specie se dell'animo, non può essere toccata.

Per Kierkegaard oggetto della Fede è l'Assurdo, cioè il paradosso (come, ad es., il comando di Dio ad Abramo di uccidere il figlio Isacco); la Fede, dunque, secondo Kierkegaard, esprime l'inverosimile per cui non è possibile la mediazione, la conciliazione, perché la Fede *"...è contro l'intelletto![67]"*

Nel cinema di Ingmar Bergman, in particolare nel *Settimo sigillo*, si allude alla necessità, intimamente e profondamente avvertita dall'uomo, di arrivare a Dio attraverso il sapere

---

67 Kierkegaard, *Diario*, vol.1, p.289.

inconfutabile; ma, mentre si tocca con mano il fallimento del disegno, della necessità e del bisogno della cultura occidentale di conoscere Dio, si giunge ad avvertire, o a riavvertire, contemporaneamente, il bisogno di quella immagine di Dio che si è allontanata, se non distrutta definitivamente.

Anche per questa serie di motivi *Il settimo sigillo* risulta uno dei capolavori più affascinanti e coinvolgenti di tutta la storia del cinema.

Se l'*opera omnia* di Ingmar Bergman è entrata a far parte del patrimonio universale dell'arte una parte cospicua del merito la deve a questo film immaginifico, che è penetrato profondamente nelle coscienze e nell'animo di generazioni intere di cinefili, di appassionati o di semplici spettatori.

Continuando, nel tempo, a suscitare curiosità, studi, recensioni, critiche, analisi, discussioni e commenti.

Conclusioni

In conclusione, e a buona ragione, si può affermare che, con questo breve e seppur sintetico saggio, l'influenza della filosofia di Kierkegaard sul cinema di Ingmar Bergman è stata definitivamente dimostrata.

Come appare evidente dal testo, l'autore, seppure citandone anche altri, si è limitato a cercare gli influssi kierkegaardiani più evidenti praticamente in un unico grande film di Ingmar Bergman: *Il settimo sigillo*, e nei due personaggi centrali: il cavaliere Antonius e il suo scudiero Jons, ma avrebbe potuto, senza soverchie difficoltà, cercarne e trovarne altri ugualmente corrispondenti in altri film e in altri personaggi.

Per questo precipuo motivo gli pare importante chiudere il suo saggio monografico con la pubblicazione dell'ultima parte della sceneggiatura del film; quella che riguarda le suggestive sequenze finali.

"È tutto passato. Fuori è tornato a splendere il sole e gli uccelli cantano di nuovo. «Jof! Jof!».

È Mia che sveglia il marito per farlo partecipe del cambiamento. I tre escono dal carro, sorridenti. Anche il mare è ora una distesa liscia e silenziosa.

«Mia! Li vedo, Mia! Laggiù, contro quelle nuvole scure. Sono tutti insieme, il fabbro e Lisa, il cavaliere e Raval, e Jöns, e Skat e

la Morte austera li invita a danzare. Vuole che si tengano per mano, e che danzino in una lunga fila. In testa a tutti è la Morte, con la falce e la clessidra. E Skat, ah-ah, è l'ultimo, e ha la lira sotto il braccio. Danzano solenni, allontanandosi lentamente nel chiarore dell'alba verso un altro mondo ignoto, mentre la pioggia lava quieta i loro volti e terge le loro guance dal sale delle lacrime.»

Mia scuote la testa sorridendo e stringendo a sé il piccolo Mikael.
«Ah, tu, sempre con i tuoi sogni e le tue visioni.»
C'è ancora molta strada da fare e il sole è già alto.
Jof e Mia si sono messi in cammino.

BIBLIOGRAFIA

R. Jolivet, *Kierkegaard,* ed. Paoline.

Kierkegaard, *Il punto di vista della mia attività letteraria.*

Ingmar Bergman, *Lanterna magica.*

Ingmar Bergman, *Immagini.*

Kierkegaard, *Diario*, vol.1, p.289.

Soren Kierkegaard, *Aut-Aut.*

Salvatore M. Ruggiero, *Faro magica.*

Søren Kierkegaard, *Postilla.*

INDICE